Californianos que
marcaron la diferencia

Heather L. Osial, M.A.Ed.

Asesores

Kristina Jovin, M.A.T.
Distrito Escolar Unificado Alvord
Maestra del Año

Bijan Kazerooni, M.A.
Departamento de Historia
Universidad Chapman

Créditos de publicación

Rachelle Cracchiolo, M.S.Ed., *Editora comercial*
Conni Medina, M.A.Ed., *Redactora jefa*
Emily R. Smith, M.A.Ed., *Realizadora de la serie*
June Kikuchi, *Directora de contenido*
Caroline Gasca, M.S.Ed., *Editora superior*
Marc Pioch, M.A.Ed., y Susan Daddis, M.A.Ed., *Editores*
Sam Morales, M.A., *Editor asociado*
Courtney Roberson, *Diseñadora gráfica superior*
Jill Malcolm, *Diseñadora gráfica básica*

Créditos de imágenes: portada y pág.1 (primer plano) Tim Graham/Evening Standard/Getty Images; portada y págs.1 (fondo), 21 NASA; págs.2–3 Library of Congress [LC-DIG-fsa-8b32993] ; pág.6 Ted Streshinsky/CORBIS/Corbis a través de Getty Images; pág.7 Ted Streshinsky/CORBIS/Corbis a través de Getty Images; pág.8 Court Mast/AP Images; pág.9 Bettmann/Getty Images; pág.10 Walter P. Reuther Library, Archives of Labor and Urban Affairs, Wayne State University; pág.11 Farmworker Movement Documentation Project, UC San Diego Library; págs.12–13 National Archives and Records Administration; págs.14, 14–15, 29 (inferior) Granger, NYC; págs.15, 32 Library of Congress [LC-DIG-ppmsca-50236] ; págs.16–17 United Archives GmbH/Alamy Stock Photo; pág.17 James Leynse/Corbis a través de Getty Images; pág.19 (primer plano) Joker/Martin Magunia/ullstein bild a través de Getty Images; págs.20, 23, 29 (superior) Bettmann/Getty Images; págs.22, 31 Reagan Library; págs.24 (izquierda), contraportada U.S. Department of Defense; pág.24 (derecha) Fotosearch/Getty Images; pág.27 (superior) Paul Harris/Getty Images; pág.29 (centro) Cathy Murphy/Getty Images; todas las demás imágenes cortesía de iStock y/o Shutterstock.

Library of Congress Cataloging-in-Publication Data
Names: Osial, Heather L., author.
Title: Californianos que marcaron la diferencia / Heather Osial.
Other titles: Californians who made a difference. Spanish
Description: Huntington Beach : Teacher Created Materials, 2020. | Audience: Grade 4 to 6 | Summary: "California is a state that is rich with diverse people. Some of them have fought for equal rights. Others are artists, scientists, and politicians. Through their struggles and their dreams, the state has grown and become the great state it is now. They have had a positive impact not only on one state but also on the rest of the world"-- Provided by publisher.
Identifiers: LCCN 2019016063 (print) | LCCN 2019980684 (ebook) | ISBN 9780743912860 (paperback) | ISBN 9780743912877 (ebook)
Subjects: LCSH: California--Biography--Juvenile literature. | Reformers--California--Biography--Juvenile literature.
Classification: LCC CT225 .O7518 2020 (print) | LCC CT225 (ebook) | DDC 920.0794--dc23
LC record available at https://lccn.loc.gov/2019016063
LC ebook record available at https://lccn.loc.gov/2019980684

Teacher Created Materials

5301 Oceanus Drive
Huntington Beach, CA 92649-1030
www.tcmpub.com

ISBN 978-0-7439-1286-0

Contenido

Soñadores de California

California es el hogar de personas que trabajan mucho para hacer del mundo un lugar mejor. Su fuerza inspira a otros que también buscan maneras de cambiar las cosas. Por suerte, del estado han salido muchos líderes y soñadores antes que ellos. Podemos admirar a esos héroes y aprender de ellos.

La historia de California incluye a algunos de los mejores líderes del mundo. Hubo **activistas** que lucharon para garantizar que todas las personas fueran tratadas de la misma manera. Hubo artistas que mostraron al mundo la belleza del país. Hubo científicos que enseñaron el poder de los descubrimientos. Y hubo políticos que lideraron a la nación en algunos de sus momentos más difíciles.

Todos ellos han demostrado el impacto que puede tener una sola persona. Han moldeado la vida de otros.

"California Dreamin'"

"California Dreamin'" es una de las canciones más famosas que fueron dedicadas al estado. The Mamas and the Papas la escribieron mientras vivían en Nueva York. La canción trata sobre el deseo de la banda de mudarse a California para vivir sus sueños. Aunque tiene más de 50 años, sigue siendo una canción muy escuchada hoy en día.

Diversidad

California es uno de los estados de mayor **diversidad**. Más de 10 millones de personas nacidas en otros países viven en California. Y al menos el padre o la madre de la mitad de los niños que viven en el estado es **inmigrante**. La próxima generación de californianos que marquen la diferencia ayudará a que el estado progrese.

puente Golden Gate

Líderes del trabajo

Actualmente, California es un estado líder en leyes laborales justas. Pero antes no era así. Fue necesario que personas como César Chávez, Dolores Huerta y Larry Itliong lucharan contra lo que ellos sabían que estaba mal.

Chávez por el cambio

César Chávez nació en 1927. Cuando era niño, su familia se quedó sin casa. Se mudaron a California para buscar trabajo. Trabajaron en granjas en todo el estado. Chávez dejó la escuela después del octavo grado para ganarse la vida como trabajador agrícola de tiempo completo.

Chávez vivió en carne propia las malas condiciones y el maltrato que sufrían los trabajadores agrícolas. Luchó para mejorar sus vidas. Defendió lo que era correcto aun cuando hacer eso fuera difícil. Hizo **huelgas** de hambre y lideró marchas pacíficas. Sus **boicots** unieron a un gran número de trabajadores. El resto de su vida, Chávez luchó por la igualdad de derechos.

Chávez murió en 1993. En muchas partes, la gente lloró la pérdida de un gran líder. Decenas de miles de personas asistieron a su funeral para homenajearlo por última vez.

Quieto ahí

Chávez se alistó en la Marina de EE. UU. durante la Segunda Guerra Mundial. Unos días antes de que tuviera que embarcarse para ir a la guerra, fue arrestado. Se había sentado en un sector "exclusivo para blancos" en un cine. Llamaron a la policía, pero Chávez seguía negándose a cambiarse de lugar. No estaba de acuerdo con la **segregación** y quiso comprometerse con lo que creía que era justo.

Civismo

En 1966, Chávez y otras 77 personas emprendieron una marcha de 300 millas (480 kilómetros). Cuando llegaron a su destino, en Sacramento, los esperaban 10,000 personas. Ellos también querían unirse a la causa. Encontrarse con esa gente fue una excelente noticia para Chávez.

Civismo

Chávez tuvo muchos seguidores en su lucha por los derechos de los trabajadores.

Maestra y activista

Dolores Huerta también luchó por los derechos de los trabajadores. Su lucha empezó después de que se graduó de la Universidad Stockton. Huerta comenzó a trabajar de maestra. Todos los días, veía cómo los hijos de los trabajadores agrícolas iban descalzos a clase. Tenían hambre y estaban cansados. Huerta pensó que debía ayudar a esas familias. Dejó la docencia y empezó su vida como activista.

A fines de la década de 1950, Huerta conoció a Chávez. Los dos estaban de acuerdo sobre muchas cosas. En 1962, formaron la **Asociación** Nacional de Campesinos (NFWA, por sus siglas en inglés). Huerta y Chávez querían mejorar las condiciones laborales de todos los trabajadores agrícolas. Protestaron para garantizar que los trabajadores tuvieran agua potable para beber y descansos durante el día.

Huerta (centro) lidera una manifestación.

Honores para Huerta

La Medalla de la Libertad es el máximo honor que puede recibir un **civil**. En 2012, el expresidente Barack Obama le entregó a Huerta esta medalla. En su discurso, Huerta dijo que los cambios únicamente suceden cuando las personas trabajan unidas. También dijo que es el deber de todos arreglar las cosas que sabemos que están mal.

Civismo

Mucha gente maltrató a Huerta por sus orígenes **étnicos**. Otros no querían escucharla porque era mujer. Pero ella nunca dejó que nada de eso la detuviera. Siguió luchando. Su papel fue fundamental para conseguir que se tratara de forma igualitaria a las mujeres y a los trabajadores agrícolas.

Huerta ha recibido muchos premios. En 1993, ingresó al Salón Nacional de la Fama de las Mujeres. Huerta continúa luchando por la igualdad de derechos.

Un grito de esperanza

"¡Sí, se puede!" es el **lema** de la Unión de Campesinos (UFW, por sus siglas en inglés). En 2008, este dicho empezó a usarse de otra manera. Cuando Barack Obama se postuló por primera vez para presidente, muchos de sus seguidores gritaban "¡Yes, we can!" ("¡Sí, podemos!") en sus mítines políticos. Creían que Obama les daba voz a quienes se sentían indefensos.

Trabajadores agrícolas se manifiestan para reclamar mejores salarios.

Abriendo caminos

Larry Itliong tenía 15 años cuando se fue de su hogar, en Filipinas. Vivió en varias partes de Estados Unidos mientras trabajaba **enlatando** pescado y cosechando lechuga. Pronto, se mudó a California para cosechar uvas. Desde allí, Itliong cambiaría el curso de la historia.

Después de años de soportar salarios bajos y malas condiciones de trabajo, Itliong supo que era el momento de hacer un cambio. En 1965, planeó una huelga. Lideró a cientos de trabajadores para que abandonaran los cultivos. Le pidió a Chávez que se uniera a su huelga. Chávez aceptó. En todo el país, las personas vieron lo que estaban haciendo los cosechadores de uvas. Millones de personas dejaron de comprar uvas. Después de cinco años, Itliong y Chávez triunfaron. Los trabajadores recibieron mejores salarios, beneficios de salud y condiciones de trabajo más seguras.

Después de la huelga de las uvas, los dos hombres y Huerta formaron la UFW. Este grupo aún lucha por la igualdad de derechos.

"Siete dedos"

Mientras trabajaba en Alaska, Itliong se ganó un nuevo sobrenombre: "Siete Dedos". Fue después de que perdiera tres dedos mientras enlataba pescado. Itliong se había visto obligado a trabajar en condiciones peligrosas. Sabía que tenía que provocar un cambio. Formó un sindicato, que luchó para conseguir mayor seguridad en el trabajo. Enseguida, las personas empezaron a ver a Itliong como alguien que nunca retrocedía en una lucha.

Camino a la cima

Cuando Itliong llegó a Estados Unidos, las cosas eran muy diferentes de lo que eran en su país. Itliong nunca había vivido en una casa con luz eléctrica. ¡Ni siquiera había dormido en una cama! Itliong estaba en estado de shock cultural. Pero pronto aprendió a hablar cuatro idiomas. Observó juicios para aprender sobre la ley de Estados Unidos. Usó esas destrezas para organizar a los trabajadores y luchar por la igualdad.

Unas personas sostienen carteles para llamar a los trabajadores de la uva a la huelga.

El aporte del arte

En California, el arte y los artistas siempre han florecido. Ansel Adams mostró lo bella que es la naturaleza. Dorothea Lange y Amy Tan contaron la verdad, aun cuando no era lo que las personas querían escuchar. Ellos ayudaron a dar forma a la cultura artística del estado.

Una voz para la naturaleza

Ansel Adams empezó a tomar fotos cuando era joven. No encajaba en la escuela. Le costaba aprender y hacer amigos. En cambio, le encantaba dar largas caminatas en la naturaleza. En esas caminatas, tomaba muchas fotos.

Cuando Adams creció, vio el riesgo que corrían muchos sitios naturales. Pensó que si los demás pudieran ver la belleza que él veía, lo ayudarían a protegerla. Adams se hizo famoso por sus fotografías del parque nacional Yosemite. Sus fotos se exhibieron en museos y galerías de todo el mundo. Su trabajo ayudó a salvar miles de hectáreas de tierras que de otra forma habrían sido destruidas.

Adams tomó muchas fotografías maravillosas en el parque nacional Yosemite.

La profecía de Muir

En 1892, John Muir fundó el Club Sierra. El club se centra en la protección de la naturaleza. Años más tarde, Muir fue a Yosemite. Fascinado por su belleza, exclamó: "¿No será estupendo cuando un millón de personas puedan ver lo que hoy estamos viendo aquí?". Muir tenía razón. Actualmente, el parque recibe cerca de cuatro millones de visitantes al año.

Geografía

La verdad de la lente

Dorothea Lange vivía en San Francisco cuando comenzó la Gran Depresión. Hasta entonces, Lange había tenido una vida agradable. De joven, había viajado por el mundo. Se había pagado el viaje vendiendo sus fotos. Pero, de repente, empezó a ver gente pobre y hambrienta en todas partes.

Lange comenzó a tomar fotos de familias que estaban pasando dificultades económicas. Pensaba que sus fotos podrían ayudarlas. Pronto, sus fotos la hicieron famosa. En 1936, Lange tomó la foto de una familia. La tituló *Madre migrante*. Esa foto se convertiría en su obra más famosa. Muestra a una madre y a sus tres hijos hambrientos. La destrucción que causó la Gran Depresión es evidente en la foto.

Cuando Lange murió en 1965, se lloró la pérdida de una gran mujer. Sus fotos hicieron que el mundo conociera la triste realidad que los rodeaba. Actualmente, Lange está considerada una de las mejores fotógrafas **documentales** de todos los tiempos.

Dorothea Lange

Problemas de salud

Cuando Lange tenía siete años, **contrajo** poliomielitis, o polio. La polio es una enfermedad que causa que los músculos pierdan su fuerza. Más adelante, Lange recuperó la salud y la fuerza, pero la enfermedad le debilitó la pierna y el pie derechos. Durante mucho tiempo, Lange tuvo problemas para caminar, pero no dejó que eso la detuviera. Una vez dijo: "[la polio] fue lo más importante que me pasó en la vida".

Madre migrante

Retratos de la desesperación

La Gran Depresión comenzó en 1929. Muchos estadounidenses se quedaron sin trabajo, casa o comida. En el peor momento, una de cada cinco personas estaba desempleada. Se formaban largas filas frente a los comedores sociales de las grandes ciudades porque la gente no podía pagarse la comida. Lange capturó escenas trágicas como esta para que el mundo las viera.

Economía

En 1993, se hizo una película basada en la novela de Amy Tan *El club de la buena estrella*.

La poesía cuenta la historia

Mai Der Vang es poeta. Nació en el Valle Central de California. Estudió en la Universidad de California en Berkeley. Sus poemas tratan de la vida de los hmongs cuando se ven obligados a abandonar su tierra natal en el sudeste asiático y se convierten en **refugiados**.

Choque de costumbres

Amy Tan nació en Oakland. Es hija de inmigrantes chinos. Su madre le enseñó que debía abrazar su **herencia** china. Pero Tan quería seguir las costumbres estadounidenses, no las chinas. Tan se enfrentó a su madre durante buena parte de su niñez. En consecuencia, mantuvieron una relación tensa muchos años.

En 1987, Tan y su madre fueron a China. Allí, Tan conoció a sus dos medias hermanas. Por primera vez, sintió una conexión profunda con su herencia china. Cuando volvió a su casa, Tan escribió sobre lo que sentía. Esos pensamientos se convirtieron en su primera novela. *El club de la buena estrella* fue un éxito de ventas inmediato. El relato de Tan inspiró a otros hijos de inmigrantes a abrazar la cultura de sus familias.

Vivir con Lyme

En 1999, Tan contrajo la **enfermedad de Lyme**. Desgraciadamente, los médicos tardaron cuatro años en diagnosticarla. Después de todo ese tiempo, la enfermedad le había dejado muchas secuelas. Aunque nunca se curó de su enfermedad, Tan dice que se encuentra "excelente".

Científicos que dieron forma al mundo

Sergey Brin y Sally Ride son científicos. Pero mientras que Brin reunía datos en la Tierra, Ride hacía lo mismo muy lejos del planeta. Sus historias muestran cómo los californianos han usado la ciencia para cambiar el mundo (y más allá).

El largo viaje de Brin

Sergey Brin tenía seis años cuando su familia se fue de Rusia. Eran judíos y los perseguían por sus creencias. Brin primero vivió en Maryland, pero se mudó a California para ir a la Universidad Stanford. Allí conoció a un joven llamado Larry Page.

Brin y Page querían organizar toda la información del mundo. Usando sus destrezas de matemáticas y ciencias, crearon su primer sitio web en 1996. Al principio, solo los estudiantes de Stanford usaban su motor de búsqueda. Enseguida, Brin y Page se dieron cuenta de que gente de todo el mundo visitaba su sitio web. Rápidamente le pusieron nombre. Su motor de búsqueda pasó a llamarse *Google*®.

El nombre de Google

Gúgol es un término matemático para nombrar el número formado por un 1 seguido de 100 ceros. Brin y Page pensaron que era el nombre perfecto para su sitio web. Les parecía que tenían que organizar una **vasta** cantidad de información.

Larry Page

Sergey Brin

No seas malvado

El primer lema de Google fue "No seas malvado". Brin y Page pensaban que muchas compañías se aprovechaban de la gente. Querían que Google fuera diferente. En 2015, Google cambió su lema. Ahora es "Haz lo correcto".

El viaje de Sally Ride

Sally Ride nació en Encino. Cuando estaba en la universidad, un anuncio de la NASA le llamó la atención. El anuncio decía que la NASA buscaba mujeres astronautas. A Ride siempre le habían gustado las matemáticas y las ciencias. Pero nunca había pensado en viajar al espacio. Decidió postularse para el empleo. Después de superar a cientos de otras mujeres, Ride fue elegida para ir al espacio.

Ride se entrenó durante seis años para viajar al espacio. Luego, el 18 de junio de 1983, ¡subió a bordo de un transbordador espacial y despegó! Ride fue la primera mujer estadounidense en viajar al espacio. Después de seis días, ella y el resto de la tripulación volvieron a la Tierra.

Ride volvió a viajar al espacio cuatro meses más tarde. Después de eso, fue directora del Instituto Espacial de California. Ride murió en 2012, pero será recordada como la mujer que cruzó la **frontera** espacial.

Reconocimientos para Ride

Ride recibió muchos premios. Ingresó en el Salón Nacional de la Fama de las Mujeres y en el Salón de la Fama de los Astronautas. Recibió dos veces la Medalla de Vuelos Espaciales de la NASA. Fue honrada con la Medalla de la Libertad (que se muestra aquí) después de su muerte.

La explosión del Challenger

El 28 de enero de 1986, el transbordador espacial Challenger levantó vuelo. Apenas 73 segundos después del despegue, explotó. Los siete astronautas que iban a bordo murieron. En ese entonces, Ride se estaba preparando para su tercer viaje al espacio. Pero la NASA canceló todos los viajes hasta descubrir qué había pasado. Ride no volvió a viajar al espacio.

Un político poderoso

Ronald Reagan era conocido por su encanto y su personalidad. Esas cualidades le fueron muy útiles como actor. Cuando se retiró de la actuación, Reagan usó esas características para liderar el estado y el país.

Impacto en Hollywood

Reagan se mudó a California en 1937. Tenía la esperanza de ser la próxima gran estrella. Por suerte para él, la compañía Warner Brothers necesitaba un actor para una nueva película. Reagan hizo su **debut** cinematográfico en la película *Love Is on the Air*. Después participó en más de 50 películas. Pero no se conformó con Hollywood. En la Segunda Guerra Mundial, mientras estaba en el ejército, no pudo combatir porque tenía problemas de visión. En cambio, hizo películas para las fuerzas armadas. Fue dos veces presidente de la Asociación de Actores de Cine. También fue conductor del programa de televisión *The General Electric Theater* durante ocho años. Allí aprendió a hablar muy bien en público. Esa habilidad le sirvió para pasar de la actuación a la política.

Un verdadero héroe

En su adolescencia, Reagan fue guardavidas. Trabajaba en un parque junto a un río. A lo largo de seis veranos, ¡salvó de ahogarse a 77 personas!

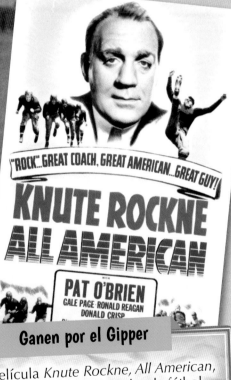

Ganen por el Gipper

En la película *Knute Rockne, All American*, Reagan interpreta a un jugador de fútbol americano que se enferma gravemente. Su personaje, conocido como "el Gipper", dice justo antes de morir: "Salgan y ganen por el Gipper". La actuación de Reagan en esa escena le valió muchos elogios.

Gobernador

Reagan se registró como **republicano** en 1962. Durante los años siguientes, recorrió el país. Dio discursos e hizo campaña para los candidatos de su partido. Luego, en 1966, se postuló como gobernador de California y ganó. Trabajó mucho para recortar el gasto. Cuando se presentó para la reelección, ganó otra vez. En su segundo mandato, trabajó en el **sistema de bienestar**. Después de eso, Reagan volvió a viajar por el país. Habló con la gente para saber qué cosas había que solucionar. Y puso la mira en un papel político más grande.

Ronald Reagan

REAGAN~BUSH in '80

Let's Make America Great Again

Presidente

En 1981, Reagan fue elegido como el 40.º presidente. Cuando asumió el cargo, la **economía** estadounidense no estaba bien. La primera tarea de Reagan fue intentar arreglarla. Reagan aplicó recortes de presupuesto y de impuestos para lograrlo. Volvió a postularse y obtuvo una victoria **aplastante**. En su segundo mandato, trabajó para poner fin a la **Guerra Fría**. Al momento de dejar su cargo, Reagan era uno de los presidentes más populares de la historia.

Biblioteca y Museo Presidencial Ronald Reagan en Simi Valley

Dalip Singh Saund

En 1957, Dalip Singh Saund fue elegido para ocupar un cargo en el Congreso de Estados Unidos. Fue el primer congresista nacido en Asia. Saund nació en una pequeña aldea de la India. Viajó a Estados Unidos en 1920 para estudiar en la Universidad de California en Berkeley. Saund también fue el primer congresista que practicaba la religión sij.

No dejes de soñar

California es el hogar de activistas y artistas. Científicos y políticos también han encontrado su lugar en el estado. Muchos californianos han marcado la diferencia. Algunos hacen cambios pequeños. Hacen cosas para ayudar a sus vecinos. Otros cambian el mundo. Y mientras el estado siga creciendo, habrá más y más personas que marquen la diferencia.

Cualquiera puede marcar la diferencia. No tienes que estar en una posición de poder para hacerlo. Lo único que necesitas es la valentía y la determinación para hacer que las cosas mejoren. Y tienes que creer en ti mismo y en tus capacidades. Entonces, ¿qué puedes hacer para marcar la diferencia? No tiene que ser algo que cambie el mundo. Puedes empezar de a poco, pero sueña en grande. Si haces eso, ¡puedes ser el próximo californiano que marque la diferencia!

Trabajo benéfico

Ser voluntario en una organización benéfica es una manera sencilla de marcar la diferencia. Y en California hay muchas organizaciones para escoger. ¡Hay más 90,000 en todo el estado! Algunas organizaciones luchan para que haya aire limpio o para proteger a los animales. Otras trabajan para construir casas o dar de comer a quienes pasan hambre. Piensa en algo que tenga que cambiar y empieza a marcar la diferencia hoy mismo.

Civismo

Gigante del tenis

Venus y Serena Williams aprendieron pronto en la vida el impacto que puede causar una persona. Por eso, Serena creó el Fondo Serena Williams (SWF, por sus siglas en inglés). El SWF construye escuelas, otorga becas para la universidad y entrega comida a personas de todo el mundo.

Las estrellas del tenis Venus (derecha) y Serena Williams (izquierda) posan junto a su padre. Las dos crecieron en Compton.

¡Predícelo!

Ya has aprendido sobre algunas grandes personas que hicieron de California un lugar genial. Elige a una de las personas de este libro o busca tu propio ejemplo. Haz una línea cronológica sobre la vida de esa persona. Comienza con su lugar de nacimiento. Asegúrate de incluir los sucesos clave de su vida, sobre todo los que transformaron a California para bien. Por último, reflexiona sobre la manera en que esa persona te ha afectado a ti directamente.

Después, crea tu propia línea cronológica. ¿Dónde naciste? ¿Dónde estás ahora? ¿Adónde irás en el futuro? Completa tu línea cronológica con tus predicciones. Todos tenemos nuestra propia aventura para contar, y todos tenemos un papel en la historia. ¿Qué le devolverás a California? El cielo es el límite.

Glosario

activistas: personas que usan o apoyan acciones enérgicas para provocar cambios

aplastante: por mucha diferencia

asociación: un grupo de personas que tienen los mismos intereses

boicots: protestas en las que se deja de comprar o usar una cosa, o de participar en algo

civil: una persona que no pertenece a las fuerzas armadas

contrajo: adquirió una enfermedad

debut: la primera vez que alguien representa un papel actoral

diversidad: una gran cantidad de cosas diferentes

documentales: formas de arte sobre personas o sucesos reales

economía: el sistema de compra y venta de bienes y servicios

enfermedad de Lyme: una enfermedad transmitida por las garrapatas que puede causar problemas graves si no se trata

enlatando: poniendo alimento en latas para su consumo

étnicos: relacionados con grupos de personas que tienen lazos culturales en común

frontera: un límite

Guerra Fría: un conflicto entre EE. UU. y la Unión Soviética

herencia: las tradiciones y creencias que forman parte de la historia de un grupo o una nación

huelgas: períodos durante los que las personas se niegan a hacer algo para forzar un cambio

inmigrante: una persona que llega a un país para quedarse a vivir allí

lema: una frase que identifica un lugar o una cosa

refugiados: personas que se van de su país por seguridad

republicano: miembro de uno de los dos partidos políticos más grandes de EE. UU.

segregación: la práctica de separar grupos de personas de acuerdo con su raza o religión

sistema de bienestar: un sistema en el cual los gobiernos ayudan a los necesitados

vasta: enorme

Índice

THEATER
RONALD REAGAN

¡Tu turno!

Una fotografía impactante

Esta es la foto *Madre migrante*, de Dorothea Lange. ¿Qué historia cuenta esta imagen? ¿Qué detalles hacen que sea impactante? ¿Qué tipo de cosas puede haber hecho Dorothea Lange para poder capturar un momento como este?

¿Qué problema de tu comunidad podría retratarse en una fotografía como esta? Diseña un plan que le permitiría a un fotógrafo capturar visualmente ese problema de la mejor forma. ¿Adónde debería ir? ¿Qué tipo de fotografías debería tratar de tomar? ¿Qué puede enseñarnos una fotografía sobre ese problema?